AF337801

CONSEIL SUPÉRIEUR DES PRISONS

SOUS-COMMISSION

DES

ACCIDENTS DU TRAVAIL

DANS LES

ÉTABLISSEMENTS PÉNITENTIAIRES

RAPPORT

de M. P. GRIMANELLI,

Directeur honoraire au Ministère de l'Intérieur, Membre du Conseil supérieur des prisons.

MELUN
IMPRIMERIE ADMINISTRATIVE
—
1913

300

MINISTÈRE DE LA JUSTICE

CONSEIL SUPÉRIEUR DES PRISONS

SOUS-COMMISSION

DES

ACCIDENTS DU TRAVAIL

DANS LES

ÉTABLISSEMENTS PÉNITENTIAIRES

RAPPORT

de M. P. GRIMANELLI,

Directeur honoraire au Ministère de l'Intérieur, Membre du Conseil supérieur des prisons.

MELUN

IMPRIMERIE ADMINISTRATIVE

1913

CONSEIL SUPÉRIEUR DES PRISONS

PROJET DE LOI

CONCERNANT

LES ACCIDENTS DU TRAVAIL

SURVENUS DANS LES

ÉTABLISSEMENTS PÉNITENTIAIRES

RAPPORT

I

MESSIEURS,

Le Gouvernement avait déposé sur le bureau de la Chambre des députés, le 28 janvier 1907, un projet de loi *concernant les* ACCIDENTS DU TRAVAIL *survenus dans les* ÉTABLISSEMENTS PÉNITENTIAIRES *et dans les* ÉTABLISSEMENTS HOSPITALIERS. Ce projet avait été renvoyé à la Commission d'assurance et de prévoyance sociales. Mais, n'ayant pas été rapporté avant le terme de la législature, il a été frappé de caducité.

Avant que le Parlement en soit de nouveau saisi, M. le Garde des Sceaux, ministre de la Justice, reconnaissant les difficultés et la délicatesse de la matière en ce qui concerne les accidents du travail survenus dans les établissements pénitentiaires, préoccupé aussi des charges financières qui pourraient éventuellement résulter des dispositions proposées, a décidé que celles-ci seraient soumises par ses soins à une nouvelle étude. Il a confié cette étude au *Conseil supérieur des prisons*.

Le Conseil supérieur des prisons, saisi dans sa séance du 16 octobre 1911 a formé dans son sein une sous-commission, qu'il a chargée de préparer, après examen, des propositions. La sous-commission, mise en possession par M. le Directeur de l'Administration pénitentiaire des textes, documents et renseignements relatifs à la question, très obligeamment et utilement éclairée par les explications et les avis du chef de l'Administration et de ses collaborateurs, en a délibéré les 22 novembre et 4 décembre 1911.

La sous-commission devait d'abord se livrer à une lecture attentive des textes précédemment élaborés et se renseigner sur leur genèse et leur préparation. Comme elle s'en est rendu compte, le projet de loi de 1907, répondant d'ailleurs à un désir plusieurs fois exprimé, et non sans insistance, au cours des débats parlementaires sur le budget des services pénitentiaires, avait été le terme d'un assez long travail préparatoire.

Ce travail avait été entrepris en conséquence d'une constatation juridique et pour satisfaire à un courant d'opinion.

D'une part, en effet, il avait été reconnu par l'Administration pénitentiaire, par l'Administration de la justice et par le Gouvernement, conformément à la jurisprudence des tribunaux et à l'avis du comité consultatif des assurances contre les accidents du travail (avis du 24 février 1900), que la loi du 9 avril 1898 sur les accidents du travail, avec ses modifications ultérieures, n'était pas, en l'état, applicable aux accidents du travail survenus par le fait ou à l'occasion du travail pénitentiaire. Mais d'autre part le sentiment semblait bien prévaloir que l'humanité, l'équité et même l'intérêt public bien entendu réclamaient autre chose, pour cette catégorie d'accidents, que la seule application stricte des articles 1382 et suivants du Code civil, tempérée par quelques mesures de charité administrative. Cette autre chose n'était pas nécessairement la simple extension au travail pénal de la loi du 9 avril 1898.

Dès l'année 1903, le ministre du Commerce, d'accord avec le ministre de l'Intérieur, duquel dépendaient les services pénitentiaires, forma une commission extra-parlementaire pour l'étude approfondie de la question. Outre les représentants des deux ministères de l'Intérieur et du Commerce, elle comprenait, sous la présidence de M. Millerand, ancien ministre du Commerce, des membres du Parlement, du Conseil supérieur des prisons, de l'École de droit, du Barreau, dont la haute compétence et l'autorité promettaient une heureuse issue du travail entrepris.

Les études de la Commission extra-parlementaire se poursuivirent au cours de nombreuses séances. Elles portèrent sur les accidents du travail, non seulement dans les prisons, mais encore dans les établissements hospitaliers. En ce qui touche les prisons elles aboutirent à un avant-projet de loi sur *les responsabilités des accidents survenus par le fait ou à l'occasion du travail pénal.*

Les membres de la Commission étaient unanimement d'accord sur un premier point : impossibilité juridique d'appliquer aux accidents du travail pénal la loi du 9 avril 1898 telle qu'elle est. Dans leur grande majorité, ils jugeaient équitable et utile d'en faire l'objet de dispositions législatives qui consacreraient un autre régime que celui des articles 1382 et suivants du Code civil ou de la pure bienveillance administrative.

Mais ils étaient partagés entre deux tendances. Les uns étaient portés à étendre au domaine pénitentiaire la loi même du 9 avril 1898, sous la seule réserve des modifications reconnues indispensables. Les autres, plus particulièrement frappés de la nature et des conditions spécifiques du travail pénal et des caractères spéciaux de la population pénitentiaire et, sinon plus soucieux de concilier l'équité et la prévoyance sociale avec le bon ordre et la discipline des établissements pénitentiaires, du moins mieux en situation de connaître de près les exigences de ce bon ordre et de cette discipline, étaient partisans d'une législation spéciale, qui sans repousser ceux des principes de la loi de 1898 qui seraient adaptables à la matière, aurait sa physionomie distincte et l'autonomie nécessaire. Le texte auquel s'arrêta la Commission extra-parlementaire fut une transaction entre ces deux tendances, en faisant toutefois une assez large part à la tendance pénitentiaire.

Le Gouvernement le modifia sur plusieurs points et le rapprocha sensiblement davantage de la loi du 9 avril 1898. Peut-être voulut-il ainsi se tenir le moins éloigné possible des termes d'une résolution que la Chambre des députés avait votée, le 25 janvier 1906, au cours de la discussion du budget pénitentiaire, et qui était ainsi conçue : « La Chambre invite le Gouvernement à déposer avant la fin de la législature un projet de loi étendant *en principe* à la main-d'œuvre pénitentiaire les dispositions de la loi du 9 avril 1898 sur les accidents du travail. » C'est le texte ainsi modifié qui constitue le projet de loi déposé le 28 janvier 1907.

Aujourd'hui, dans les conditions où le Conseil supérieur des prisons a été saisi de la question, vous n'êtes, Messieurs, liés par aucun texte, par aucune formule. C'est donc avec une pleine liberté d'esprit que la sous-commission a abordé l'examen des systèmes et, avant tout, des principes mêmes entre lesquels elle pouvait opter pour l'établissement de ses propositions.

Son rapporteur va exposer brièvement l'avis et les conclusions qu'elle entend soumettre à l'examen du Conseil supérieur des prisons.

Une double remarque préliminaire doit être inscrite ici. D'abord la sous-commission a pensé que son étude, en raison des antécédents de la question et des conditions dans lesquelles le Conseil supérieur était saisi, devait se borner, du moins quant à présent, aux établissements pénitentiaires dépendant naguère du ministère de l'Intérieur et aujourd'hui du ministère de la Justice. Ensuite elle a estimé que la matière des accidents du travail dans les établissements d'éducation pénitentiaire affectés aux mineurs délinquants devait être réservée pour une étude ultérieure et tout à fait distincte. Ses propositions actuelles ne portent donc que sur les accidents du travail dont peuvent être victimes les détenus des maisons centrales, des prisons départementales et du dépôt de Saint-Martin-de-Ré.

I I

Les représentants de l'Administration pénitentiaire ont rappelé devant la sous-commission, comme ils l'avaient fait devant le Conseil supérieur (séance du 16 octobre 1911) les raisons pour lesquelles la loi du 9 avril 1898 ne saurait être purement et simplement appliquée, telle qu'elle est, au travail pénitentiaire. Ces raisons sont décisives. Dans les prisons, en effet, il n'y a pas de *contrat de travail* entre l'employeur et l'employé, et il n'y a pas à proprement parler de *salaire*. L'on ne peut donc donner pour base aux indemnités auxquelles les accidents du travail en prison donneraient lieu la rétribution de ce travail lui-même. Il ne faut pas songer davantage à adopter comme salaire de base les rétributions obtenues par le prisonnier antérieurement à l'incarcération. On se heurterait à d'inextricables difficultés. Comment, d'ailleurs, appliquer la même règle, par exemple, à l'ancien souteneur, à l'ancien vagabond et à l'ancien commerçant ou officier ministériel ?

L'Administration a signalé de nouveau et la sous-commission a retenu un autre ordre de considérations. Comment faire abstraction du caractère spécial de la population pénitentiaire, du niveau moyen de sa moralité ou seulement de sa capacité professionnelle ? Outre les accidents formellement intentionnels et les mutilations volontaires déterminés par la paresse ou d'autres mobiles inavouables, les négligences plus ou moins voulues, les désobéissances, les imprudences graves ou les lourdes maladresses ne seraient-elles point particulièrement à redouter des prisonniers, le jour où ils se verraient assurés, en cas d'accident, soit d'une indemnité temporaire, soit d'une rente perpétuelle qui leur permettrait une vie facile affranchie du travail ?

Enfin l'Administration devait envisager les cónséquences financières d'une législation nouvelle, et la sous-commission n'entendait nullement en négliger l'examen.

La direction pénitentiaire a fourni à ce propos les renseignements suivants :

Pendant la période de 1903 à 1909, le nombre des accidents du travail dans les établissements pénitentiaires, autres que les établissements de jeunes détenus, a été au total de 181. Ce total se décompose ainsi :

Accidents ayant entraîné une incapacité absolue et permanente . . . . »

Accidents ayant entraîné une incapacité partielle et permanente 13

Accidents ayant entraîné une incapacité temporaire . . . 165

Accidents ayant entraîné la mort 3

TOTAL 181

A cet état numérique il a été joint une note faisant connaître le montant des indemnités ou secours alloués de 1900 à 1911 à des prisonniers victimes d'accidents du travail, avec l'indication de la nature des traumatismes causés par ces accidents. Si l'on n'en retient que les allocations obtenues par des détenus des maisons centrales, de l'ancien pénitencier de Castelluccio, ou des prisons départementales, le total ne s'en élève qu'à 2.350 francs en dix ans. D'où il résulte que, sous le régime de l'article 1382 du Code civil ou, pour certains cas, de la bienveillance administrative, le crédit de 10.000 francs actuellement inscrit au budget pénitentiaire pour les accidents du travail, lequel d'ailleurs s'applique aussi aux établissements de jeunes détenus, apparaît largement suffisant. Il faut noter que presque toutes les allocations obtenues l'ont été par mesure transactionnelle. Il est, par contre, fait mention d'une réclamation faite à un concessionnaire d'atelier par un détenu qui demandait une indemnité viagère de 486 fr. 65 pour perte d'un œil et dont le demandeur a été débouté par arrêt de la Cour d'appel de Douai du 9 mars 1903.

Mais l'Administration, au moment où le Conseil supérieur était saisi de la question, prévoyait pour l'État, soit par voie directe, soit par répercussion, une charge notablement plus lourde, si l'on appliquait au travail pénitentiaire les principes de droit et le système forfaitaire de la loi du 9 avril 1898.

Elle rappelait dans ses grandes lignes l'organisation du travail dans les prisons. Trois systèmes sont en usage : 1° la *régie directe*, d'après laquelle l'État emploie directement la main-d'œuvre pénale pour ses propres besoins ; 2° le système dit de la *régie mixte* dans lequel l'État assume en régie l'entretien des détenus et concède à des entrepreneurs particuliers, sous des conditions définies de tarif et autres, l'emploi de la main-d'œuvre des détenus dans des ateliers pénitentiaires déterminés ; 3° le système de *l'entreprise générale* dans lequel l'entrepreneur adjudicataire assume à la fois, moyennant un prix de journée et sous un ensemble de conditions et obligations déterminées, l'entretien des détenus, l'utilisation et la rémunération de la main-d'œuvre pénale. En l'état, les prisonniers se répartissent approximativement entre les trois systèmes de la manière suivante :

Régie directe	1.800
Système dit de la Régie mixte	6.200
Entreprise générale	7.600

C'est l'État qui serait responsable des indemnités pour cause d'accident en ce qui concerne les détenus travaillant en régie directe. Ce sont les entrepreneurs qui la devraient dans les deux autres systèmes.

L'Administration appréhende pour tous les cas, dans l'hypothèse où les bases de la loi de 1898 seraient appliquées au travail pénitentiaire, une augmentation du nombre des réclamations, et peut-être des accidents eux-mêmes. Le chiffre moyen des dépenses annuelles serait d'autre part notablement majoré en comparaison des dépenses actuelles soit par le fait de l'évaluation nouvelle des indemnités, soit par le fait de l'attribution de rentes viagères dans les cas d'incapacité permanente de travail, sans compter les allocations aux divers ayants droit en cas de décès.

Cet accroissement important de charges, observe l'Administration, serait supporté directement par l'État dans le système de la régie proprement dite. Mais ne faut-il pas aussi prévoir que, malgré toutes les dispositions contraires de la loi, il serait encore supporté par l'État indirectement, au moins pour une bonne part, dans les systèmes de la régie mixte et de l'entreprise générale ? Les entrepreneurs devront assurer les détenus qu'ils emploieront. N'est-il pas à craindre que, par exemple, dans le système de l'entreprise générale, les entrepreneurs ne se dédommagent des primes à payer sous la forme d'une augmentation du prix de journée payé par l'État ? L'on peut penser sans doute qu'en raison du nombre considérable d'individus à assurer et d'une sérieuse limitation des risques, les assureurs se contenteraient de faibles primes. Mais il restera toujours une somme importante à leur payer que les entrepreneurs s'arrangeront de manière à se faire rembourser par l'État.

Telles furent les observations de l'Administration.

**

La sous-commission avait d'abord à se prononcer sur la question de principe.

En premier lieu, elle s'est prononcée contre l'extension pure et simple de la loi du 9 avril 1898 aux accidents de travail dans les prisons. Il lui a paru en effet que la nature particulière du travail pénitentiaire, l'impossibilité de déterminer des salaires de base, les caractères spéciaux de la population des prisons, certaines exigences du bon ordre et de la discipline s'opposent à une telle extension.

Il restait donc à opter entre le maintien du régime actuel — application éventuelle par les tribunaux des articles 1382 et suivants du Code civil et mesures gracieuses de l'Administration — et l'élaboration d'une législation spéciale, sauf à examiner dans quelle mesure celle-ci pourrait s'inspirer des dispositions de loi du 9 avril 1898 et dans quelle mesure elle devrait s'en écarter.

La sous-commission a été unanime à penser que les prisonniers victimes d'accidents résultés du travail pénitentiaire ou leurs ayants droit doivent pouvoir obtenir, sous des conditions et sur des bases à déterminer, des indemnités réglées autrement que par la seule bienveillance administrative. L'équité le veut ainsi. Le prisonnier, qui est peut-être mutilé, qui subit une incapacité de travail dans l'exécution ou à l'occasion du travail pénitentiaire, se trouve en quelque sorte frappé, par le fait même de ce travail, si l'accident n'est pas dû à sa faute grave et s'il n'est pas assuré d'un dédommagement au moins partiel, d'une aggravation de peine imméritée qui peut être une peine perpétuelle. Dans le cas de décès ce sont plus d'une fois des innocents, une femme, des enfants, des parents âgés qui sont atteints. Il faut d'ailleurs noter que l'accident du travail peut être subi non seulement par des condamnés, mais par des prévenus qui ont travaillé volontairement et qui n'ont encore encouru aucune peine.

Or l'intérêt même de la défense sociale concorde ici avec celui de l'équité. Toute mesure susceptible de diminuer le risque de récidive est un acte de prévoyance dont profite la sécurité commune. Les pouvoirs publics et les initiatives privées s'efforcent de plus en plus à faciliter le relèvement du libéré, son reclassement dans la vie honnête par le travail, à le défendre et à défendre la société elle-même contre les causes de rechute, en abaissant autant que possible les obstacles entre l'ancien détenu et l'accès des occupations régulières. Pourquoi? Parce que plus il sera aidé à se procurer des moyens honorables d'existence, moins il sera tenté de demander au délit ou au crime la satisfaction de ses besoins. Mais, si le détenu sort de prison victime d'un accident de travail qui a soit aboli soit sensiblement diminué sa validité et sans moyens d'existence, n'est-il pas privé par cela même d'une chance sérieuse de se relever et de cesser d'être un danger pour la communauté? Et ne serait-il pas singulièrement contradictoire de pousser au reclassement social par le travail d'une part, et d'autre part de refuser au libéré qu'un accident du travail subi au cours et par le fait de la détention même a dépouillé en tout ou en partie de l'aptitude au travail libre l'indemnité régulière qui pourrait contribuer à le défendre contre les suggestions mauvaises en l'aidant à pourvoir tout au moins aux nécessités *minima* de la vie?

Dira-t-on qu'il suffit de s'en tenir aux articles 1382 et suivants du Code civil qui consacrent la responsabilité de l'employeur toutes les fois que le dommage est causé par sa faute ou par le fait des personnes dont il doit répondre ou des choses qu'il a sous sa garde? Mais l'application de ces articles est surbordonnée à la preuve d'une faute commise par l'employeur ou ses préposés ou d'un vice de la chose dont il a la garde; et cette preuve est à la charge de l'employé. Or chacun sait à quelles difficultés donnait lieu cette administration de la preuve pour les travailleurs libres. Ces difficultés ne sont-elles pas plus grandes et la partie ne paraît elle pas, à tort ou à raison, encore plus inégale quand la victime est un prisonnier? Et d'autre part est-il vraiment juste de laisser sans dédommagement à la charge du travailleur toutes les conséquences dommageables du *cas fortuit* ou de la *force majeure*? C'est pour échapper aux difficultés de la preuve et compenser l'inégalité de la situation entre employeur et employé, c'est aussi pour assurer un dédommagement équitable des accidents causés par le cas fortuit ou la force majeure que la loi du 9 avril 1898 a adopté le principe d'un partage, dans des proportions déterminées à l'avance, du « risque professionnel » et d'une indemnité forfaitairement calculée en conséquence. Elle a seulement prévu des solutions exceptionnelles pour le cas d'accident intentionnellement provoqué par la victime ou causé par une « faute inexcusable » de l'employé ou de l'employeur.

Dira-t-on encore que la bienveillance de l'Administration peut corriger dans certains cas, et qu'elle corrige déjà en fait, dans la mesure où elle le peut, ce que le système du Code civil a de trop rigoureux? Il faut avoir une grande confiance dans la bienveillance et l'humanité de l'Administration. Mais cette bienveillance est sujette à des variations possibles; elle est d'ailleurs nécessairement mesurée d'après les disponibilités budgétaires. La règle vaut mieux; et il convient d'éviter même l'apparence d'une charité arbitraire.

La sous-commission a estimé en effet que l'on ne pouvait plus s'en tenir au systeme du Code civil, ni se borner à prévoir des mesures gracieuses. Elle a reconnu la convenance d'adopter, sur la matière, une législation spéciale.

III

Sur quelles bases cette législation spéciale peut-elle être établie?

La sous-commission a pensé, comme la commission extra-parlementaire, comme le Gouvernement en 1907, qu'il y a lieu d'emprunter à la loi de 1898, avec les adaptations nécessaires, le principe, sinon d'un *risque professionnel* au sens strict du terme, au moins d'un *risque du travail*, et celui d'une indemnité partielle et forfaitaire. Mais son opinion très nette a été aussi que ces principes, en raison des caractères propres du travail pénitentiaire, des personnes assujetties et des établissements visés, devaient être appliqués sous des conditions et avec des précautions spéciales. Elle s'est accordée sur trois idées directrices.

La première est qu'il faut renoncer à calculer les indemnités d'après un salaire de base et leur donner le caractère *strictement alimentaire*, d'après un tarif à dessein très modeste, pour ne pas tenter, malgré les risques de l'accident, une population qui, en général, répugne surtout à l'effort régulier par les compensations qui lui permettraient une vie à la fois oisive et relativement douce.

En second lieu la sous-commission, s'appropriant la pensée de l'ancienne commission extra-parlementaire, propose de refuser tout droit à indemnité non seulement lorsque l'accident a été intentionnellement provoqué par la victime, mais encore lorsqu'il est dû à sa *faute lourde*.

En troisième lieu, pour bien marquer le caractère strictement alimentaire des indemnités, il a paru bon de reprendre une disposition de principe admise par l'ancienne commission extra-parlementaire, d'après laquelle le paiement des indemnités attribuées serait suspendu lorsqu'il aurait été reconnu par la juridiction compétente que la victime ou ses ayants droit se trouvent « à l'abri du besoin » en raison de leurs ressources propres. Seulement cette disposition restrictive ne s'appliquerait qu'aux cas où les indemnités seraient mises à la charge de l'État. La commission extra-parlementaire n'avait pas cru pouvoir faire bénéficier de cette exception les entrepreneurs privés qui réalisent des bénéfices au moyen de la main-d'œuvre pénale.

En conséquence, la sous-commission a pris pour base de son travail le projet de loi du 28 janvier 1907. Mais elle lui a fait subir, en s'inspirant des idées générales ci-dessus énoncées, un certain nombre de modifications. Quant au *fond,* elle s'est généralement rapprochée du texte qui avait été élaboré par l'ancienne commission extra-parlementaire. Quant à la *procédure,* elle n'a apporté que de légers changements au projet du Gouvernement.

IV

Les développements qui précèdent me permettent de me borner maintenant à reproduire les dispositions adoptées, sauf à les accompagner, quand ce sera nécessaire, de brèves explications.

PROJET DE LOI

CONCERNANT

LES ACCIDENTS DU TRAVAIL

SURVENUS DANS LES

ÉTABLISSEMENTS PÉNITENTIAIRES

Il a été expliqué que la sous-commission restreignait, quant à présent du moins, son travail aux prisons dépendant du ministère de la Justice, sans d'ailleurs comprendre les établissements affectés aux jeunes détenus, lesquels comporteraient des dispositions spéciales.

CHAPITRE PREMIER

Indemnités en cas d'accidents.

Article premier

Une indemnité est due, sous les conditions et dans les limites ci-après déterminées, soit aux détenus victimes d'accidents survenus par le fait ou à l'occasion du travail pénal, soit à leurs ayants droit.

On remarquera que le projet ne distingue pas entre les prévenus (1) et les condamnés.

« L'article 2 » du projet du Gouvernement n'excluait du droit à une indemnité que la victime « qui a intentionnellement provoqué l'accident ». Il se bornait, comme la loi de 1898, à prévoir la « possibilité » d'une « réduction » si l'accident était dû à la faute « inexcusable » de la victime. Il prévoyait également qu'en cas de faute inexcusable de l'employeur ou de celui qu'il s'est substitué dans la direction, l'indemnité pourrait être majorée, sans que cette majoration puisse la porter au delà du double.

---

(1) En outre le terme *détenus* paraît assez général pour s'appliquer, en l'état du texte, aux *contraints par corps*. Mais la question pourrait être spécialement examinée. (*Note du rapporteur.*)

La sous-commission a modifié cet article en s'inspirant de l'avant-projet de l'ancienne commission extra-parlementaire. Elle propose d'écarter formellement le droit à indemnité non seulement dans le cas d'un accident intentionnellement provoqué par la victime, mais en outre dans le cas d'accident imputable à la « faute lourde » de celle-ci. Elle a admis d'ailleurs, conformément au texte du Gouvernement, qu'en revanche l'indemnité puisse être majorée en cas de « faute inexcusable » de l'employeur. Seulement elle a réduit le maximun de la majoration prévue.

Dans les deux cas, la charge de la preuve incomberait à la partie qui alléguerait soit le caractère intentionnel de l'accident, soit la faute lourde de la victime, soit la faute inexcusable de l'employeur.

L'article 2 serait donc ainsi rédigé :

ART. 2

AUCUNE INDEMNITÉ N'EST DUE *à la victime ou aux ayants droit de la victime qui a intentionnellement provoqué l'accident ou qui l'a causé par* SA FAUTE LOURDE.

Lorsqu'il est prouvé que l'accident est dû à la FAUTE INEXCUSABLE *de l'employeur ou de celui qu'il s'est substitué dans la direction, l'indemnité pourra être majorée, sans que cette majoration* PUISSE DÉPASSER DE LA MOITIÉ *le taux auquel elle aurait été fixée suivant les cas considérés.*

Dans les cas prévus par le présent article la charge de la preuve incombe à la partie qui allègue soit le caractère intentionnel de l'accident, soit la faute lourde de la victime, soit la faute inexcusable de l'employeur ou de son substitut.

Les articles 3 et 4 seraient libellés comme au projet de loi de 1907.

ART. 3

Les indemnités prévues par la présente loi ne sont dues que lorsque l'incapacité de travail déterminée par l'accident survit à la libération définitive ou conditionnelle de la victime pour une durée excédant quatre jours et à partir de l'une ou l'autre de ces libérations seulement.

Cette restriction va de soi. La victime, tant qu'elle reste détenue, est soignée gratuitement et son entretien est assuré.

ART. 4

Les détenus étrangers sont exclus du bénéfice de la présente loi, à moins que leur pays d'origine n'ait garanti par un traité des avantages équivalents à nos nationaux.

« L'article 5 » du projet gouvernemental serait maintenu. Mais la sous-commission a jugé bon d'inscrire en tête de cet article le principe formulé à l'article 4 de l'avant-projet de l'ancienne commission extra-parlementaire. La rédaction proposée par la sous-commission est donc celle-ci :

Art. 5

Les indemnités ont dans tous les cas le caractère et prennent la forme d'une allocation strictement alimentaire, soit temporaire, soit permanente et annuelle.

Si l'accident a déterminé une incapacité de travail absolue et permanente, l'indemnité annuelle attribuée à la victime n'excédera pas 360 francs et ne sera pas inférieure à 180 francs.

Si l'incapacité de travail est partielle et permanente, le chiffre de l'indemnité annuelle sera fixé par le président du tribunal ou par le tribunal sans pouvoir être porté au-dessus de 180 francs.

En cas d'incapacité temporaire, l'indemnité consistera en une allocation journalière de 0 fr. 50 au moins et de 1 franc au plus, servie pendant toute la durée de l'incapacité postérieure à la libération conformément aux dispositions de l'article 3.

Les indemnités prévues sont bien « strictement alimentaires ». La sous-commission, comme l'ancienne commission extra-parlementaire, comme le Gouvernement en 1907, en les maintenant dans ces étroites limites, ne s'est pas inspirée seulement de considérations financières. Comme les auteurs du projet précédent, elle a jugé prudent de mettre le moins de tentations possible dans les promesses de la loi.

Comme le texte antérieur le projet aujourd'hui présenté permettrait aux juges de se mouvoir pour la fixation de l'indemnité dans le cas d'incapacité absolue et permanente entre un « minimum » et un « maximum ».Ils auraient à tenir compte dans une certaine mesure, entre ces limites, des besoins de la victime et de sa situation de famille.

Les mêmes coefficients entreraient, avec le degré d'incapacité de travail causée par l'accident, dans l'évaluation de l'indemnité en cas d'incapacité partielle et permanente ou d'incapacité temporaire.

En cas de décès, c'est « l'article 6 » qui réglerait les indemnités. En voici le texte d'après le projet de loi de 1907 :

Art. 6

Lorsque l'accident a causé la mort, une pension est servie dans les conditions suivantes aux personnes ci-après désignées sauf le cas où il sera établi qu'elles n'ont pas besoin d'une pension alimentaire :

A. — Une rente viagère égale au tiers de celle qui aurait été attribuée à la

*victime au cas d'incapacité de travail absolue et permanente pour le conjoint sur-
vivant non divorcé ou séparé de corps, à la condition que le mariage ait été contracté antérieurement à l'accident. En cas de nouveau mariage, le conjoint cesse
d'avoir droit à la rente mentionnée ci-dessus ; il pourra lui être alloué, dans ce cas,
le triple de cette rente à titre d'indemnité totale.*

*B. — Pour les enfants, légitimes ou naturels reconnus avant l'accident, or-
phelins de père ou de mère, âgés de moins de seize ans, une rente calculée d'après
l'indemnité qui aurait été attribuée en cas d'incapacité absolue et permanente, à
raison de 30 p. 100 de cette indemnité s'il n'y a qu'un enfant, de 40 p. 100 s'il y en
a deux, de 50 p. 100 s'il y en a trois et de 65 p. 100 s'il y en a quatre ou un plus
grand nombre.*

*Si les enfants sont orphelins de père et de mère, la pension sera de 30 p. 100
pour chacun d'eux, sans que le total puisse excéder le montant de l'indemnité.*

*C. — Si la victime n'a ni conjoint, ni enfant, dans les termes des para-
graphes A et B, chacun des ascendants et des descendants qui étaient à sa charge,
recevra une rente qui ne sera payable que jusqu'à 16 ans pour les descendants.
Cette rente sera égale à 15 p. 100 de l'indemnité qu'aurait touchée la victime en
cas d'incapacité absolue et permanente, sans que le montant total des rentes ainsi
allouées puisse dépasser 40 p. 100.*

*Chacune des rentes prévues par le paragraphe C est, le cas échéant, réduite
proportionnellement.*

*Les rentes constituées par la présente loi sont payables par trimestre ; elles
sont incessibles et insaisissables.*

La sous-commission propose de maintenir ce texte, mais avec les
modifications suivantes :

1° En raison du caractère alimentaire des allocations, elle se borne
à en attribuer le bénéfice éventuel au conjoint femme. Donc elle rem-
place les mots « le conjoint » par les mots « la femme ». Dans le même
alinéa A, elle propose de supprimer la phrase finale relative à la possibilité d'allouer une indemnité une fois donnée à la veuve remariée.

2° Obéissant toujours à la même pensée de prudence, elle a repris,
en ce qui concerne les enfants, les proportions d'indemnité plus faibles
qu'accordait l'avant-projet de loi de l'ancienne commission extra-parlementaire. En conséquence, à partir des mots « à raison de », le texte
placé en regard de la lettre B serait ainsi rédigé :

*.... à raison de 20 p. 100 de cette indemnité s'il n'y a qu'un enfant, de
30 p. 100 s'il y en a deux, de 40 p. 100 s'il y en a trois et de 50 p. 100 s'il y en
a quatre ou un plus grand nombre.*

Si les enfants sont orphelins de père et de mère, la pension sera de 20 p. 100
pour chacun d'eux, sans que le total puisse excéder 80 p. 100.

L'article 7 serait adopté avec une addition destinée à mieux préciser
tous les modes d'organisation du travail pénitentiaire.

Art. 7

Les indemnités ci-dessus prévues sont dues par l'employeur, c'est-à-dire par
l'Etat lorsque le travail est exécuté par voie de régie, par l'entrepreneur lorsque le
travail est exécuté par voie d'entreprise ou de concession de main-d'œuvre.

L'article 8 modifié et l'article 9 seraient adoptés ainsi qu'il suit :

Art. 8

L'État ou l'entrepreneur supportent aussi les frais médicaux et pharmaceu-
tiques nécessités par l'accident postérieurement à la libération définitive ou condi-
tionnelle jusqu'à concurrence de la somme fixée par le juge de paix, conformément
au tarif prévu par le deuxième alinéa de l'article 4 de la loi du 9 avril 1898.

Lorsque, après la libération, la victime devra être placée ou maintenue dans
un hôpital en raison de l'accident, les frais d'entretien et de traitement qui, tout
compris, ne pourront dépasser le tarif établi pour l'application de l'article 24 de
la loi du 15 juillet 1893, sans majoration, ni excéder jamais les maxima prévus
par le 3e alinéa de l'article 4 de la loi du 9 avril 1898, seront supportés par
l'employeur, qui sera, pendant toute la durée de l'hospitalisation, exonéré du
paiement de l'indemnité prévue au paragraphe 3 de l'article 5 de la présente loi.

Art. 9

Dans le cas de travail à l'entreprise ou par concession de main-d'œuvre, les
entrepreneurs seront tenus de justifier, préalablement à tout travail, d'une assu-
rance contractée soit auprès d'une société d'assurance ou d'un syndicat de garantie
régis par la loi du 9 avril 1898, soit auprès de la Caisse nationale d'assurance en
cas d'accidents, dont les opérations sont étendues dans les conditions spécifiées à
l'article premier de la loi du 24 mai 1899, aux risques visés par la présente loi.

— « L'article 10 » du projet de 1907 est adopté avec les modifications ci-après :

Art. 10

Lorsque la victime d'un accident, bénéficiaire d'une indemnité alimentaire
suivant les dispositions de la présente loi, sera ultérieurement condamnée de nou-

*veau une ou plusieurs fois à une peine privative de la liberté, la dite indemnité
cessera de lui être servie pendant toute la durée des nouvelles peines subies ou jusqu'à l'époque de leur prescription.*

Sur la demande de l'Administration pénitentiaire, la sous-commission avait d'abord réservé l'examen de la disposition suivante :

*Les arrérages des rentes constituées à la Caisse nationale des retraites pour
la vieillesse, seront alors tenus à la disposition des débi-rentiers qui en adresseront
la demande, appuyée des justifications nécessaires, sans que cependant ils puissent
réclamer les arrérages déjà payés antérieurement à cette demande.*

Cette disposition avait été proposée par la direction de la Prévoyance
sociale du ministère du Travail à la demande du ministère des Finances.
Il convenait d'abord de se renseigner sur le sens précis de l'alinéa et
ensuite d'en apprécier la portée.

Votre rapporteur ayant pu profiter des indications officieusement
et très obligeamment fournies par M. le Directeur de la Prévoyance
sociale, la sous-commission en a délibéré en seconde lecture. Elle a
estimé d'une part que la disposition devait être étendue à tous les assureurs et d'autre part que le bénéfice en devait revenir non pas aux
débi-rentiers, mais à l'État, qui a la charge de l'entretien des détenus.
Elle propose en conséquence de la rédiger ainsi :

*Les arrérages des rentes constituées à la Caisse nationale d'assurance contre
les accidents ou par tous autres assureurs seront alors tenus à la disposition du
Trésor, sur l'avis notifié par l'Administration compétente, sans que cependant il
puisse réclamer les arrérages déjà payés antérieurement au dit avis, dont il sera
accusé réception sans délai.*

En outre votre sous-commission reprend une disposition importante
qu'avait admise la commission extra-parlementaire, d'après laquelle :

« Dans les cas où les indemnités alimentaires attribuées en vertu
« de la présente loi seront mises à la charge de l'État, le paiement en sera
« suspendu — lorsqu'il aura été reconnu par le tribunal compétent —
« que la victime ou ses ayants droit se trouvent à l'abri du besoin en
« raison des ressources dont ils disposent. »

Il a paru à la sous-commission, ainsi qu'il a été dit, comme à la
commission extra-parlementaire, qu'une telle disposition, sans doute
en dehors du droit commun en matière d'indemnités, était la conséquence
logique du caractère strictement alimentaire que l'on entendait donner
aux indemnités dont il s'agit. Toutefois, il ne leur a pas semblé équitable d'en faire bénéficier d'autres employeurs que l'État lui-même, les
entrepreneurs étant présumés réaliser un bénéfice par l'emploi de la
main-d'œuvre pénitentiaire.

V

Les dispositions qui suivent ont trait à la juridiction, à la procédure, à la garantie. Telles que les propose la sous-commission, elles reproduiraient, avec certaines retouches, le chapitre II du projet gouvernemental de 1907, lequel, en cette partie, se réfère le plus souvent, sauf les modifications indispensables, aux dispositions correspondantes de la loi du 9 avril 1898. Les textes de la dite loi auxquels il est référé sont donnés en annexe à la suite du présent rapport.

Dans « l'article 11 » la sous-commission introduit une addition, une précision qu'elle juge nécessaire. Il s'agit du certificat médical qui doit accompagner la déclaration de l'accident. La rédaction du projet de 1907 n'ouvrait-elle pas la porte à l'intervention d'un médecin choisi par la victime ou ses représentants ? La sous-commission a voulu qu'il n'y eût aucun doute sur son intention d'exclure cette intervention. Cette exclusion, motivée par des raisons de convenance pénitentiaire, n'écarterait pas le contrôle, dans l'intérêt de la victime, des premières constatations médicales par un médecin que désignerait le juge de paix en vertu de l'article 13 (§ 3) de la loi du 9 avril 1898, visé par l'article 12 du projet de notre sous-commission.

En conséquence, à la fin de l'article 11 seraient ajoutés les mots : « qui sera, dans tous les cas, dressé par le médecin de l'Administration ou un médecin commis par elle ».

Cet article 11 serait ainsi libellé :

CHAPITRE II

Procédure. — Juridiction. — Garanties.

Art. 11

Tout accident survenu dans une prison par le fait ou à l'occasion du travail pénal et ayant entraîné la mort ou une incapacité de travail doit être déclaré dans les quarante-huit heures au juge de paix du canton, qui en dresse procès-verbal.

Cette déclaration sera faite dans tous les cas par le Directeur, quand il s'agit d'un établissement directement administré par un fonctionnaire de cet ordre, ou par le gardien-chef quand il s'agit de toute autre prison et, en outre, quand le travail est fait à l'entreprise, par l'entrepreneur ou son représentant sur place.

Cette déclaration doit contenir les noms et adresses des témoins. Il y est

BIBLIOTHÈQUE NATIONALE — R. F. — IMPRIMÉS

joint, par les soins de l'Administration, un certificat médical indiquant l'état de la victime, les suites probables de l'accident et l'époque à laquelle il sera possible d'en connaître le résultat définitif.

La déclaration d'accident pourra être faite dans les mêmes conditions par les représentants de la victime.

Quelle qu'en soit la provenance, il en sera donné récépissé, ainsi que du certificat médical, qui sera dans tous les cas, dressé par le médecin de l'Administration ou un médecin commis par elle.

Art. 12

Dans les vingt-quatre heures de la réception de la déclaration et du certificat médical, le juge de paix se transporte dans la prison et procède à une enquête contradictoire à l'effet de rechercher : 1° la cause, la nature, les circonstances de l'accident; 2° les personnes victimes, le lieu et la date de leur naissance; 3° la nature des lésions; 4° les ayants droit pouvant, le cas échéant, prétendre à une indemnité, le lieu et la date de leur naissance; 5° dans le cas d'entreprise, la société d'assurance à laquelle le chef d'entreprise était assuré ou le syndicat de garantie auquel il était affilié.

Il recueillera les dires et témoignages et procédera conformément aux paragraphes 3, 4, 5 et 6 de l'article 13 de la loi du 9 avril 1898.

Le paragraphe 3 de l'article visé « *in fine* » prévoit la désignation s'il y a lieu d'un médecin par le juge de paix et le paragraphe 4 celle, le cas échéant, d'un expert. Mais il a paru bon de viser aussi le paragraphe 5 qui écarte la nomination d'un expert dans les entreprises « administrativement surveillées » (ou) dans celles de l'État placées sous le contrôle « d'un service distinct du service de gestion........ » Il semble que dans bien des cas les travaux pénitentiaires rentrent ou peuvent rentrer dans ces catégories d'entreprises.

Quant au paragraphe 6, il paraît après nouvel examen, pouvoir être visé à la condition de spécifier que « toutefois le procès-verbal d'enquête sera déposé *au greffe de la prison* où les parties pourront, pendant un délai de cinq jours, en prendre connaissance et s'en faire délivrer une expédition affranchie du timbre et de l'enregistrement ».

Un alinéa ainsi rédigé est ajouté à « l'article 12 » ci-dessus reproduit.

Art. 13

Sous réserve des dispositions qui précèdent et des dispositions spéciales des articles 14 et 14 bis ci-après, les cinq premiers alinéas et les deux derniers alinéas de l'article 15, les articles 16, 17, 18, les quatre premiers alinéas de l'article 19, les articles 21 et 22 de la loi du 9 avril 1898 sont applicables en ce qui concerne les accidents dont s'occupe la présente loi.

Art. 14

Le président du tribunal est, quand il y a lieu, saisi d'office par la transmission que le juge de paix lui fait du dossier de l'enquête.

Quand, à défaut d'accord devant le président, il y a lieu à jugement du tribunal, celui-ci statue en chambre du Conseil. Toutefois, la non-publicité n'est applicable qu'aux débats qui ont lieu pendant le cours de la détention.

Tous jugements ou ordonnances fixant une rente, en application des dispositions de l'article 5 ci-dessus, indiqueront le degré d'invalidité que l'accident aura fait subir à la victime.

Les « articles 13 et 14 » ci-dessus règlent la juridiction et la compétence ainsi que la procédure devant les juges saisis.

- L'ancienne commission extra-parlementaire avait admis la création d'une juridiction spéciale, à laquelle elle donnait un caractère mixte, à la fois judiciaire et administratif. C'était une commission composée: 1° du président du Tribunal civil ou d'un juge délégué par lui, président, 2° d'un délégué du préfet, 3° du bâtonnier de l'ordre des avocats, ou d'un avocat délégué par lui ou à défaut de barreau, du président de la Compagnie des avoués, ou d'un avoué délégué par lui. Cette commission devait se réunir à la prison. Elle aurait statué sans appel. Ses décisions n'auraient été susceptibles que de recours au Conseil d'État pour cause d'incompétence, d'excès de pouvoir ou de violation de la loi.

Le Gouvernement n'adopta pas cette solution. Il préféra s'en tenir aux règles de compétence et de procédure consacrées par la loi du 9 avril 1898, avec certaines adaptations reconnues indispensables. C'est dans ce sens que furent rédigés les articles 13 et 14, du projet de loi de 1907 avec leurs références à un certain nombre d'articles de la loi de 1898. La sous-commission du Conseil supérieur des prisons s'est prononcée dans le même sens et propose les mêmes textes.

C'est donc le « juge de paix du canton où l'accident s'est produit » qui jugerait en dernier ressort, quel que soit le montant des sommes à allouer « les contestations relatives aux indemnités temporaires ». Il connaîtrait en outre, mais jusqu'à trois cents francs seulement en dernier ressort, des demandes relatives aux frais médicaux et pharmaceutiques.

(« Art. 15 » visé de la loi du 9 avril 1898, modifié par la loi du 31 mars 1905.)

Lorsqu'il s'agirait d'indemnités réclamées pour cause d'incapacité permanente de travail ou de décès, c'est le président du tribunal de l'arrondissement et ce tribunal lui-même qui seraient compétents, le premier pour fixer définitivement le montant de l'indemnité par ordonnance en cas d'accord, le second pour statuer, comme en matière sommaire, en cas de désaccord (art. 16 visé de la loi de 1898), mais sauf appel (« art. 17 » de la même loi).

Toutefois « l'article 14 » du projet apporte deux dérogations aux règles ordinaires. D'après la première, c'est « d'office » que le juge de paix transmettrait quand il y aurait lieu, le dossier de l'enquête au président du tribunal. D'après la seconde, le tribunal, en cas de désaccord, statuerait en chambre du Conseil. On a voulu éviter les inconvénients de débats publics dont l'attente ou le retentissement pourraient avoir des effets fâcheux au point de vue de la discipline. Toutefois la non-publicité ne serait applicable qu'aux débats qui auraient lieu pendant le cours de la détention.

A ce propos, il a paru utile de spécifier que les mêmes règles concernant la non-publicité ou la publicité des débats suivant les cas seraient observées, soit devant le juge de paix, soit devant la Cour d'appel. On y a pourvu en ajoutant à « l'article 14 » un alinéa ainsi conçu :

« Les mêmes règles, relatives à la non-publicité ou à la publicité « des débats, suivant les cas, seront observées devant le juge de paix et « devant la Cour d'appel ».

Parmi les articles de la loi du 9 avril 1898, auxquels il est référé par « l'article 13 » du projet, il convient de signaler particulièrement l'article 19. Cet article a trait aux cas et aux délais de « révision » éventuelle des décisions intervenues. Si l'on s'en tient à cette référence, les demandes en revision ne seraient recevables que pour cause d'aggravation ou d'atténuation de l'infirmité ou de décès ultérieur de la victime, imputable aux suites de l'accident. La commission extra-parlementaire avait admis une autre cause de révision. Conséquente avec le principe du caractère purement alimentaire des indemnités, — principe que notre sous-commission a consacré par les articles 5 et 10 de son texte, — avait prévu à l'article 20 de son avant-projet, la recevabilité des demandes de révision motivées par le changement de situation de la victime ou de ses ayants droit.

Ne convient-il pas de reprendre cette disposition qui paraît bien être la conséquence du principe appliqué au chapitre premier ? S'il en est ainsi décidé conformément à l'avis de votre sous-commission, l'on pourrait faire suivre notre article 14 d'un article provisoirement numéroté « 14 *bis* » ainsi conçu :

Art. 14 *bis*

La suspension des indemnités permanentes, accordées à la victime ou aux ayants droit et payées par l'État, pourra être demandée par l'Administration, à

*charge pour elle d'établir que, depuis la dernière décision intervenue, la victime
ou sa famille ont acquis des ressources les mettant à l'abri du besoin.*

*En sens inverse, dans le cas où le paiement des mêmes indemnités aurait été
suspendu en raison de la situation de fortune soit de la victime, soit de ses ayants
droit, celle-là ou ceux-ci pourront en demander le rétablissement à charge pour
eux d'établir leur situation nécessiteuse.*

Il a été expliqué plus haut pourquoi la suspension des indemnités
pour cause de ressources suffisantes (article 10 ci-dessus) n'était prévue
que lorsque les dites indemnités seraient mises à la charge de l'État.

Si cet article 14 *bis* est adopté, les dispositions en devront être réser-
vées d'avance au même titre que celles de l'article 14 dans les visas de
l'article 13.

« L'article 15 » se réfère d'abord aux articles 23 à 26 de la loi du 9 avril
1898 relatifs aux garanties de la créance des victimes ou de leurs ayants
droit. Mais il est clair que ces dispositions n'ont pas de raison d'être
appliquées aux cas où le débiteur est l'État lui-même, qui est son propre
assureur. Il convient de le dire. L'article 27 de la loi de 1898, également
visé, concerne les compagnies d'assurance et les syndicats de garantie.

Art. 15

*Les dispositions des articles 23 à 26 de la loi du 9 avril 1898 sont applicables
à la garantie des créances des victimes d'accidents ou de leurs ayants droit,* sauf
quand c'est l'État qui est débiteur lui-même de l'indemnité.

*Sous réserve de l'application de l'article 9 ci-dessus, les débiteurs d'indemnités
dues en vertu de la présente loi peuvent se réclamer du bénéfice des dispositions des
premier et deuxième alinéas de l'article 28 de la loi du 9 avril 1898 précitée.*

*Les dispositions de l'article 27 de la même loi s'appliquent aux opérations
d'assurances effectuées en exécution des dispositions de la présente loi.*

Les références de « l'article 16 » et final sont relatives à la question
des frais.

Antérieurement « l'article 13 » a visé l'article 22 de la loi de 1898
concernant l'application de « l'assistance judiciaire » aux différents
degrés de juridiction.

Art. 16

*Sont applicables aux cas prévus par la présente loi les dispositions contenues
au dernier alinéa de l'article 12 et à l'article 29 de la loi du 9 avril 1898 ainsi que
celles contenues dans l'article 31 de la loi de finances du 13 avril 1900.*

Un décret déterminera les émoluments des greffiers de justice de paix pour tous les actes nécessités par l'application de la présente loi, ainsi que les frais de déplacement dus au juge de paix.

Enfin, pensant répondre à de légitimes préoccupations, votre sous-commission vous propose l'addition au texte adopté de l'article suivant :

ART. 17

Tout détenu, convaincu d'avoir simulé *ou* intentionnellement occasionné un accident dans le but de bénéficier de la présente loi, *sera puni d'un emprisonnement d'un an à cinq ans, s'il n'est pas tombé sous l'application de dispositions pénales plus sévères.*

VI

La sous-commission ne s'est pas désintéressée des répercussions, directes ou indirectes, que l'application du projet pourrait avoir sur le budget de l'État.

Pour établir à ce sujet des prévisions, il faudrait mesurer aussi exactement que possible, au regard des indemnités mises à la charge de l'État, l'augmentation vraisemblable de la somme moyenne des allocations temporaires ou annuelles. Au regard des indemnités dont le paiement incomberait aux entrepreneurs, mais qui seraient couvertes par l'assurance obligatoire, comme on a invoqué la réversion éventuelle de la charge des primes sur les conditions faites par les entrepreneurs à l'État, il faut connaître d'une façon complète les tarifs suivant lesquels ces primes seraient calculées.

Cependant, même avec les seuls éléments d'appréciation dont nous disposions au moment où ce rapport était rédigé, l'on peut se rendre compte que les dépenses éventuellement supportées par l'État du fait de la loi proposée doivent dépasser sensiblement les charges actuelles. L'augmentation du nombre des cas entraînant une indemnité et l'attribution de rentes annuelles, viagères en principe dans le cas d'invalidité permanente ou dans le cas de décès quand elles seraient allouées à la veuve ou à un ascendant, ne peuvent que déterminer un accroissement non négligeable de dépenses. Mais il est permis aussi de supposer que cet accroissement n'atteindra pas certaines proportions indiquées dans la discussion.

Les indemnités ne seraient dues « par l'État lui-même » que lorsque le travail ayant donné lieu à un accident aurait été exécuté par voie de régie proprement dite. Si nous reprenons le tableau numérique, fourni par l'Administration, des accidents du travail survenus pendant la période

de 1903 à 1909 dans les établissements pénitentiaires civils de la métro-
pole autres que les établissements affectés aux jeunes détenus, nous
constatons que sur 181 accidents relevés au cours de cette période de
sept ans, 65 se rapportent au travail en régie. Mais — et ceci est très
important — sur ce nombre de 65 accidents, « 61 n'ont causé que des
incapacités temporaires ». Or, aux termes de l'article 3, du projet il ne
serait dû d'indemnité que lorsque l'incapacité de travail « survivrait à
la libération définitive ou conditionnelle pour une durée excédant quatre
jours et à partir de l'une ou l'autre de ces libérations seulement ». Il sera
donc très rare que des indemnités soient payées à des détenus libérés
pour des accidents ayant occasionné des incapacités temporaires.
Presque toujours dans le cas envisagé, la victime, soignée et guérie au
cours de la détention, aura recouvré sa validité au moment de sa libération. On peut donc admettre que la charge devant résulter pour l'État
du fait des accidents qui n'entraîneraient que des incapacités temporaires sera minime. Il n'est pas inutile de remarquer, sans vouloir
identifier le présent et l'avenir, qu'elle a été nulle en fait sous le régime en vigueur, de 1898 à 1911.

Il reste, pour la période de 1903 à 1909, et toujours en ce qui concerne le travail en régie, « quatre » accidents dont « un » a déterminé la
mort et « trois » une incapacité permanente et partielle. Aucun n'a déterminé une incapacité permanente et absolue. L'on peut accorder que les
réclamations légalement justifiées du fait d'accidents de ce genre dépas-
seraient sous le nouveau régime, le nombre de quatre en sept ans.

Sans doute aussi, elles aboutiraient à l'attribution de rentes annuelles, le plus souvent viagères en principe, et non plus seulement,
comme en l'état, au paiement de modestes allocations une fois données,
Mais il ne faut pas croire cependant que le nombre des indemnités
fondées en droit et en fait pourra s'accroître démesurément. Les précautions prises, la surveillance exercée, la discipline maintenue, les sanc-
tions pénales prévues défendront l'État le plus possible contre le risque
signalé. D'autre part, il faut tenir compte et de la modération avec
laquelle sont chiffrées les maxima prévus par le projet et des excep-
tions destinées à exclure dans certains cas le droit à indemnité ou à
en suspendre l'application.

Considérons maintenant le travail à l'entreprise.

On sait qu'il faut distinguer entre le « régime mixte », c'est-à-dire le
régime de la régie économique par l'État pour l'entretien des détenus
combinée avec l'entreprise limitée au travail au moyen de concessionnaires d'ateliers ou confectionnaires, et le régime de « l'entreprise générale »
d'après lequel un entrepreneur se charge à la fois de l'entretien moyen-

nant un prix de journée payé par l'État et de l'utilisation de la main-d'œuvre aux conditions réglementaires. Cette distinction est loin d'être négligeable dans la question qui nous occupe.

Le nombre des détenus travaillant sous le régime mixte (maisons centrales — prisons de la Seine — prisons départementales des circonscriptions de Melun et de Thouars) était d'après les statistiques consultées par le rapporteur d'environ 6.200. Pour ces travailleurs serait-il si facile aux entrepreneurs, concessionnaires d'ateliers ou confectionnaires, de se décharger sur l'État du fardeau des primes d'assurance? Car ils n'ont pas à toucher de prix de journée, et, d'autre part, l'État a le dernier mot en ce qui concerne les tarifs appliqués à la rémunération du travail. On argue, il est vrai, des difficultés nouvelles que l'État pourrait de ce fait rencontrer dans ses transactions avec les concessionnaires et de risques éventuels de chômage.

Restent les travailleurs placés sous le régime de l'entreprise générale. Leur nombre, d'après les dernières statistiques connues du rapporteur peut être évalué en chiffres ronds à 7.600. C'est au sujet de ces 7.600 détenus que l'on peut craindre une réversion partielle, dans des proportions à déterminer, par l'effet d'une majoration des prix de journée payés par l'État, du fardeau des primes d'assurance sur le budget national.

Mais il importe de se garder ici de toute exagération. Toutefois l'Administration s'est chargée de présenter séparément au Conseil supérieur une note sur ce point et sur la question plus générale des répercussions financières du projet; le Conseil l'examinera, avec toute l'attention qu'elle mérite.

Le Conseil supérieur appréciera dans tous les cas l'effort que sa sous-commission a fait, en s'acquittant de son mandat, pour concilier, en cette matière délicate des accidents survenus dans l'emploi de la main-d'œuvre pénale, les considérations d'équité et de prévoyance sociale avec l'intérêt de l'État comme avec la discipline et les convenances pénitentiaires.

PROJET DE LOI

CONCERNANT

LES ACCIDENTS DU TRAVAIL

SURVENUS DANS LES

ÉTABLISSEMENTS PÉNITENTIAIRES

TEXTE DE LA SOUS-COMMISSION

CHAPITRE PREMIER

Indemnités en cas d'accidents.

ARTICLE PREMIER

Une indemnité est due, sous les conditions et dans les limites ci-après déterminées, soit aux détenus victimes d'accidents survenus par le fait ou à l'occasion du travail pénal, soit à leurs ayants droit.

ART. 2

Aucune indemnité n'est due à la victime ou aux ayants droit de la victime qui a intentionnellement provoqué l'accident ou qui l'a causé par *sa faute lourde.*

Lorsqu'il est prouvé que l'accident est dû à la *faute inexcusable* de l'employeur ou de celui qui s'est substitué dans la direction, l'indemnité pourra être majorée, sans que cette majoration *puisse dépasser de la moitié* le taux auquel elle aurait été fixée suivant les cas considérés.

Dans les cas prévus par le présent article la charge de la preuve incombe à la partie qui allègue soit le caractère intentionnel de l'accident, soit la faute lourde de la victime, soit la faute inexcusable de l'employeur ou de son substitut.

Art. 3

Les indemnités prévues par la présente loi ne sont dues que lorsque l'incapacité de travail déterminée par l'accident survit à la libération définitive ou conditionnelle de la victime pour une durée excédant quatre jours et à partir de l'une ou l'autre de ces libérations seulement.

Art. 4

Les détenus étrangers sont exclus du bénéfice de la présente loi, à moins que leur pays d'origine n'ait garanti par un traité des avantages équivalents à nos nationaux.

Art. 5

Les indemnités ont dans tous les cas le caractère et prennent la forme d'une allocation strictement alimentaire, soit temporaire, soit permanente et annuelle.

Si l'accident a déterminé une incapacité de travail absolue et permanente, l'indemnité annuelle attribuée à la victime n'excédera pas 360 francs et ne sera pas inférieure à 180 francs.

Si l'incapacité de travail est partielle et permanente, le chiffre de l'indemnité annuelle sera fixé par le président du tribunal ou par le tribunal sans pouvoir être porté au-dessus de 180 francs.

En cas d'incapacité temporaire, l'indemnité consistera en une allocation journalière de 0 fr. 50 au moins et de 1 franc au plus, servie pendant toute la durée de l'incapacité postérieure à la libération conformément aux dispositions de l'article 3.

Art. 6

Lorsque l'accident est suivi de mort, une pension est servie dans les conditions suivantes aux personnes ci-après désignées, sauf le cas où il sera établi qu'elles n'ont pas besoin d'une pension alimentaire.

A. — Une rente viagère, égale au tiers de celle qui aurait été attribuée à la victime au cas d'incapacité de travail absolue et permanente, pour la femme survivante non divorcée ou séparée de corps, à la condition que le mariage ait été contracté antérieurement à l'accident. En cas de nouveau mariage, la femme cesse d'avoir droit à la rente mentionnée ci-dessus.

B. — Pour les enfants, légitimes ou naturels reconnus avant l'accident, orphelins de père ou de mère, âgés de moins de 16 ans, une rente calculée d'après l'indemnité qui aurait été attribuée en cas d'incapacité absolue et permanente, *à raison de 20 p. 100 de cette indemnité s'il n'y a qu'un enfant, de 30 p. 100 s'il y en a deux, de 40 p. 100 s'il y en a trois et de 50 p. 100 s'il y en a quatre ou un plus grand nombre.*

Si les enfants sont orphelins de père et de mère, la pension sera de 20 p. 100 pour chacun d'eux sans que le total puisse excéder 80 p. 100.

C. — Si la victime n'a ni conjoint, ni enfant, dans les termes des paragraphes A et B, chacun des ascendants et des descendants qui étaient à sa charge, recevra une rente qui ne sera payable que jusqu'à 16 ans pour les descendants. Cette rente sera égale à 15 p. 100 de l'indemnité qu'aurait touchée la victime en cas d'incapacité absolue et permanente, sans que le montant total des rentes ainsi allouées puisse dépasser 40 p. 100.

Chacune des rentes prévues par le paragraphe C est, le cas échéant, réduite proportionnellement.

Les rentes constituées en vertu de la présente loi sont payables par trimestre; elles sont incessibles et insaisissables.

Art. 7

Les indemnités ci-dessus prévues sont dues par l'employeur, c'est-à-dire par l'État lorsque le travail est exécuté par voie de régie, par l'entrepreneur lorsque le travail est exécuté par voie d'entreprise ou de concession de main-d'œuvre.

Art. 8

L'État ou l'entrepreneur supportent aussi les frais médicaux et pharmaceutiques nécessités par l'accident postérieurement à la libération définitive ou conditionnelle jusqu'à concurrence de la somme fixée par le juge de paix, conformément au tarif prévu par le deuxième alinéa de l'article 4 de la loi du 9 avril 1898.

Lorsque, après la libération, la victime devra être placée ou maintenue dans un hôpital en raison de l'accident, les frais d'entretien et de traitement, qui, tout compris ne pourront dépasser le tarif établi pour l'application de l'article 24 de la loi du 15 juillet 1893, sans majoration, ni excéder jamais les maxima prévus par le troisième alinéa de l'article 4 de la loi du 9 avril 1898, seront supportés par l'employeur qui sera, pendant toute la durée de l'hospitalisation, exonéré du paiement de l'indemnité prévue au paragraphe 3 de l'article 5 de la présente loi.

Art. 9

Dans le cas de travail à l'entreprise ou par concession de main-d'œuvre, les entrepreneurs seront tenus de justifier, préalablement à tout travail, d'une assurance contractée soit auprès d'une société d'assurance ou d'un syndicat de garantie régis par la loi du 9 avril 1898, soit auprès de la Caisse nationale d'assurance en cas d'accidents, dont les opérations sont étendues dans les conditions spécifiées à l'article premier de la loi du 24 mai 1899, aux risques visés par la présente loi.

Art. 10

Lorsque la victime d'un accident, bénéficiaire d'une indemnité alimentaire suivant les dispositions de la présente loi, sera ultérieurement condamnée de nouveau une ou plusieurs fois à une peine privative de la liberté, la dite indemnité cessera de lui être servie pendant toute la durée des nouvelles peines subies ou jusqu'à l'époque de leur prescription.

Les arrérages des rentes constituées à la Caisse nationale d'assurances contre les accidents ou par tous autres assureurs seront alors tenus à la disposition du Trésor, sur l'avis notifié par l'Administration compétente, sans que cependant il puisse réclamer les arrérages déjà payés antérieurement au dit avis, dont il sera accusé réception sans délai.

Dans les cas où les indemnités alimentaires attribuées en vertu de la présente loi seront mises à la charge de l'État, le paiement en sera suspendu lorsqu'il aura été reconnu par le tribunal compétent que la victime ou ses ayants droit se trouvent à l'abri du besoin en raison des ressources dont ils disposent.

CHAPITRE II

Procédure. — Juridiction. — Garanties.

Art. 11

Tout accident survenu dans une prison par le fait ou à l'occasion du travail pénal et ayant entraîné la mort ou une incapacité de travail doit être déclaré dans les quarante-huit heures au juge de paix du canton, qui en dresse procès-verbal.

Cette déclaration sera faite dans tous les cas par le Directeur, quand il s'agit d'un établissement directement administré par un fonctionnaire de cet ordre, ou par le gardien-chef quand il s'agit de toute autre prison et, en outre, quand le travail est fait à l'entreprise, par l'entrepreneur ou son représentant sur place.

Cette déclaration doit contenir les noms et adresses des témoins. Il y est joint, par les soins de l'Administration, un certificat médical indiquant l'état de la victime, les suites probables de l'accident et l'époque à laquelle il sera possible d'en connaître le résultat définitif.

La déclaration d'accident pourra être faite dans les mêmes conditions par les représentants de la victime.

Quelle qu'en soit la provenance, il en sera donné récépissé, ainsi que du certificat médical, qui sera, dans tous les cas, dressé par le médecin de l'Administration ou un médecin commis par elle.

Art. 12

Dans les vingt-quatre heures de la réception de la déclaration et du certificat médical, le juge de paix se transporte dans la prison et procède à une enquête contradictoire à l'effet de rechercher : 1° la cause, la nature, les circonstances de l'accident ; 2° les personnes victimes, le lieu et la date de leur naissance ; 3° la nature des lésions ; 4° les ayants droit pouvant, le cas échéant, prétendre à une indemnité, le lieu et la date de leur naissance ; 5° dans le cas d'entreprise, la société d'assurance à laquelle le chef d'entreprise était assuré ou le syndicat de garantie auquel il était affilié.

Il recueillera les dires et témoignages et procédera conformément aux paragraphes 3, 4, 5 et 6 de l'article 13 de la loi du 9 avril 1898.

Toutefois le procès-verbal d'enquête sera déposé *au greffe de la prison* où les parties pourront, pendant un délai de cinq jours, en prendre connaissance et s'en faire délivrer une expédition affranchie du timbre de l'enregistrement.

Art. 13

Sous réserve des dispositions qui précèdent et des dispositions spéciales des articles 14 et 14 *bis* ci-après, les cinq premiers alinéas et les deux derniers alinéas de l'article 15, les articles 16, 17, 18, les quatre premiers alinéas de l'article 19, les articles 21 et 22 de la loi du 9 avril 1898 sont applicables en ce qui concerne les accidents dont s'occupe la présente loi.

Art. 14

Le président du tribunal est, quand il y a lieu, saisi d'office par la transmission que le juge de paix lui fait du dossier de l'enquête.

Quand, à défaut d'accord devant le président, il y a lieu à jugement du tribunal, celui-ci statue en chambre du Conseil. Toutefois, la non-publicité n'est applicable qu'aux débats qui ont lieu pendant le cours de la détention.

Tous jugements ou ordonnances fixant une rente, en application des dispositions de l'article 5 ci-dessus, indiqueront le degré d'invalidité que l'accident aura fait subir à la victime.

Les mêmes règles, relatives à la non-publicité ou à la publicité des débats, suivant les cas, seront observées devant le juge de paix et devant la Cour d'appel.

Art. 14 *bis*.

La suspension des indemnités permanentes, accordées à la victime ou aux ayants droit et payées par l'État, pourra être demandée par l'Administration, à charge pour elle d'établir que, depuis la dernière décision intervenue, la victime ou sa famille ont acquis des ressources les mettant à l'abri du besoin.

En sens inverse, dans le cas ou le paiement des mêmes indemnités aurait été suspendu en raison de la situation de fortune soit de la victime, soit de ses ayants droit, celle-là ou ceux-ci pourront en demander le rétablissement à charge pour eux d'établir leur situation nécessiteuse.

Art. 15

Les dispositions des articles 23 à 26 de la loi du 9 avril 1898 sont applicables à la garantie des créances des victimes d'accidents ou de leurs ayants droit, sauf quand c'est l'État lui-même qui est débiteur de l'indemnité.

Sous réserve de l'application de l'article 9 ci-dessus, les débiteurs d'indemnités dues en vertu de la présente loi peuvent se réclamer du bénéfice des dispositions des premier et deuxième alinéas de l'article 28 de la loi du 9 avril 1898 précitée.

Les dispositions de l'article 27 de la même loi s'appliquent aux opérations d'assurances effectuées en exécution des dispositions de la présente loi.

Art. 16

Sont applicables aux cas prévus par la présente loi les dispositions contenues au dernier alinéa de l'article 12 et à l'article 29 de la loi du 9 avril 1898 ainsi que celles contenues dans l'article 31 de la loi de finances du 13 avril 1900.

Un décret déterminera les émoluments des greffiers de justice de paix pour tous les actes nécessités par l'application de la présente loi, ainsi que les frais de déplacement dus au juge de paix.

Art. 17

Tout détenu, convaincu d'avoir simulé ou intentionnellement occasionné un accident dans le but de bénéficier de la présente loi, sera puni d'un emprisonnement d'un an à cinq ans, s'il n'est pas tombé sous l'application de dispositions pénales plus sévères.

MELUN. IMPRIMERIE ADMINISTRATIVE. — M 660 *E*

www.ingramcontent.com/pod-product-compliance
Lightning Source LLC
Chambersburg PA
CBHW061729060726
47597CB00006B/2636